LA PROGRAMACIÓN CON RASPBERRY PI

POR JILL SHERMAN

¿Qué te causa

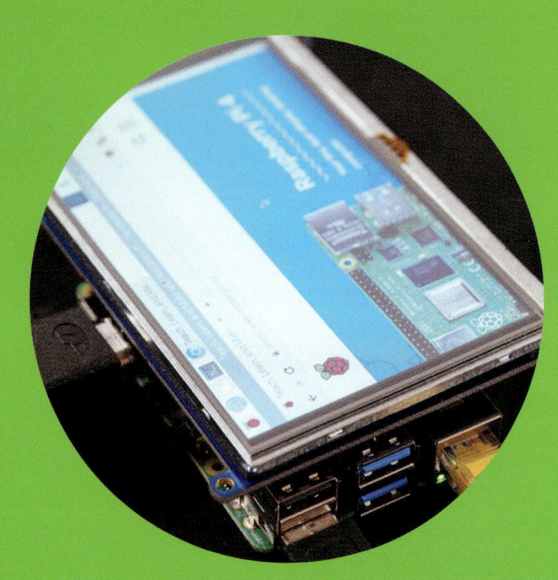

curiosidad?

Curious About está publicado por Amicus Learning, un sello de Amicus.
P.O. Box 227
Mankato, MN 56002
www.amicuspublishing.us

Editora: Ana Brauer
Diseñadora de la serie: Kathleen Petelinsek
Diseñadora del libro e investigadora fotográfica: Emily Dietz

Library of Congress Cataloging-in-Publication Data
Names: Sherman, Jill, author.
Title: Curiosidad por la programación con Raspberry Pi / by Jill Sherman.
Other titles: Curious about coding with Raspberry Pi. Spanish
Description: Mankato, MN : Amicus Learning, an imprint of Amicus, [2026] | Series: Curiosidad por la programación | Translation of: Curious about coding with Raspberry Pi. | Includes index. | Audience: Ages 6–9 | Audience: Grades 2–3 | Summary: "What is Raspberry Pi and how do I use it? Learn about coding and programming with Raspberry Pi in this Spanish question-and-answer book for elementary readers. Includes table of contents, glossary, and index. Translated into North American Spanish"— Provided by publisher.
Identifiers: LCCN 2024052105 (print) | LCCN 2024052106 (ebook) | ISBN 9798892006781 (library binding) | ISBN 9798892007382 (paperback) | ISBN 9798892007986 (ebook)
Subjects: LCSH: Raspberry Pi (Computer)—Programming—Juvenile literature. | Raspberry Pi (Computer)—Miscellanea. | Microcomputers—Programming—Juvenile literature. | Python (Computer program language)—Juvenile literature.
Classification: LCC QA76.8.R15 S49418 2026 (print) | LCC QA76.8.R15 (ebook) | DDC 005.265—dc23/eng/20250102

Créditos fotográficos: Alamy Stock Photo/mediasculp, 2, 12–13; Getty Images/Anthony Harvey, 7; NASA/Jack Danos, 17; Shutterstock/Bogdan Vija, 3, 19, Daniel Chetroni, 20–21, Golubovy, 8–9, huntingSHARK, 15, myboys.me, 10, Rawpixel.com, 5, 16, Vas_Kondr, 6, y0ye, cover, 1, 2, 4; The Noun Project/ ainul muttaqin, 15 (mouse), Anwar Hossain, 15 (keyboard), Daniel Chmielarczyk, 22, 23, DesignBite, 22, 23, Dwi Budiyanto, 15 (ethernet), ims. icon, 15 (memory card), Kosong Tujuh, 15 (headphones), Majide, 15 (computer monitor), Shane Willis, 15 (USB); Wikimedia Commons/Clem Rutter, Rochester, Kent, 11, Jeff Geerling, 14

Se ha hecho todo lo posible para contactar a los titulares de los derechos de autor del material reproducido en este libro. Cualquier omisión se corregirá en ediciones posteriores si se notifica al editor.

Impreso en India

¿Qué es Raspberry Pi?

Raspberry Pi 5 se lanzó en octubre de 2023.

Bueno, ¡no es un postre! La Raspberry Pi es una computadora pequeña. Tiene el tamaño de una tarjeta de biblioteca. Es económica y buena para codificar. Esto la convierte en una excelente herramienta de aprendizaje.

Raspberry Pi se utiliza a menudo para aprender sobre informática y programación.

¿Quién la inventó?

Eben Upton enseñaba informática en el St. John's College de Cambridge, Inglaterra. Vio que muchos estudiantes eran buenos programando. Pero no sabían mucho sobre **hardware** informático. ¿Su solución? ¡Una **computadora para aficionados**! Estas computadoras son económicas, pequeñas y fáciles de usar.

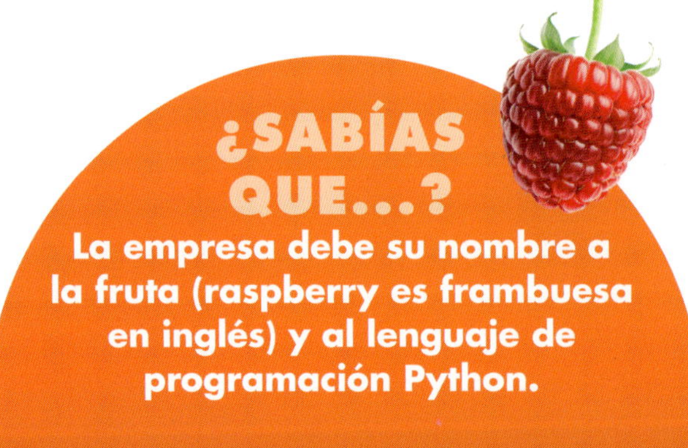

Eben Upton lanzó la
primera Raspberry
Pi en 2012.

¿Es como una computadora normal?

La **placa base** contiene todos los circuitos y conexiones necesarios para ejecutar una computadora.

¡Más o menos! Si desarmaras tu computadora, verías que cada pieza se conecta a una placa base. Con Raspberry Pi, es todo en uno. ¡ES una placa base, pero mejor! Todas las piezas están integradas.

¿SABÍAS QUE...?

Raspberry Pi se puede utilizar como una computadora normal. Solo tienes que conectar un teclado y un monitor. Luego, navega por Internet, escribe un informe sobre un libro o juega a un juego.

Raspberry Pi es una gran herramienta de aprendizaje en las aulas.

¿Cómo funciona Raspberry Pi?

Raspberry Pi te permite llevar tus proyectos electrónicos al siguiente nivel. Tal vez hayas fabricado un puntero láser. Con Raspberry Pi, podrías crear un sistema de seguridad. Escribe un código para darle instrucciones a tu dispositivo. Si el rayo láser se rompe, Raspberry Pi puede decirle a tu dispositivo que vibre.

Las computadoras
se unieron para
crear una cámara
panorámica.
PUESTA EN MARCHA

CAPÍTULO DOS

¿Cómo uso una Raspberry Pi?

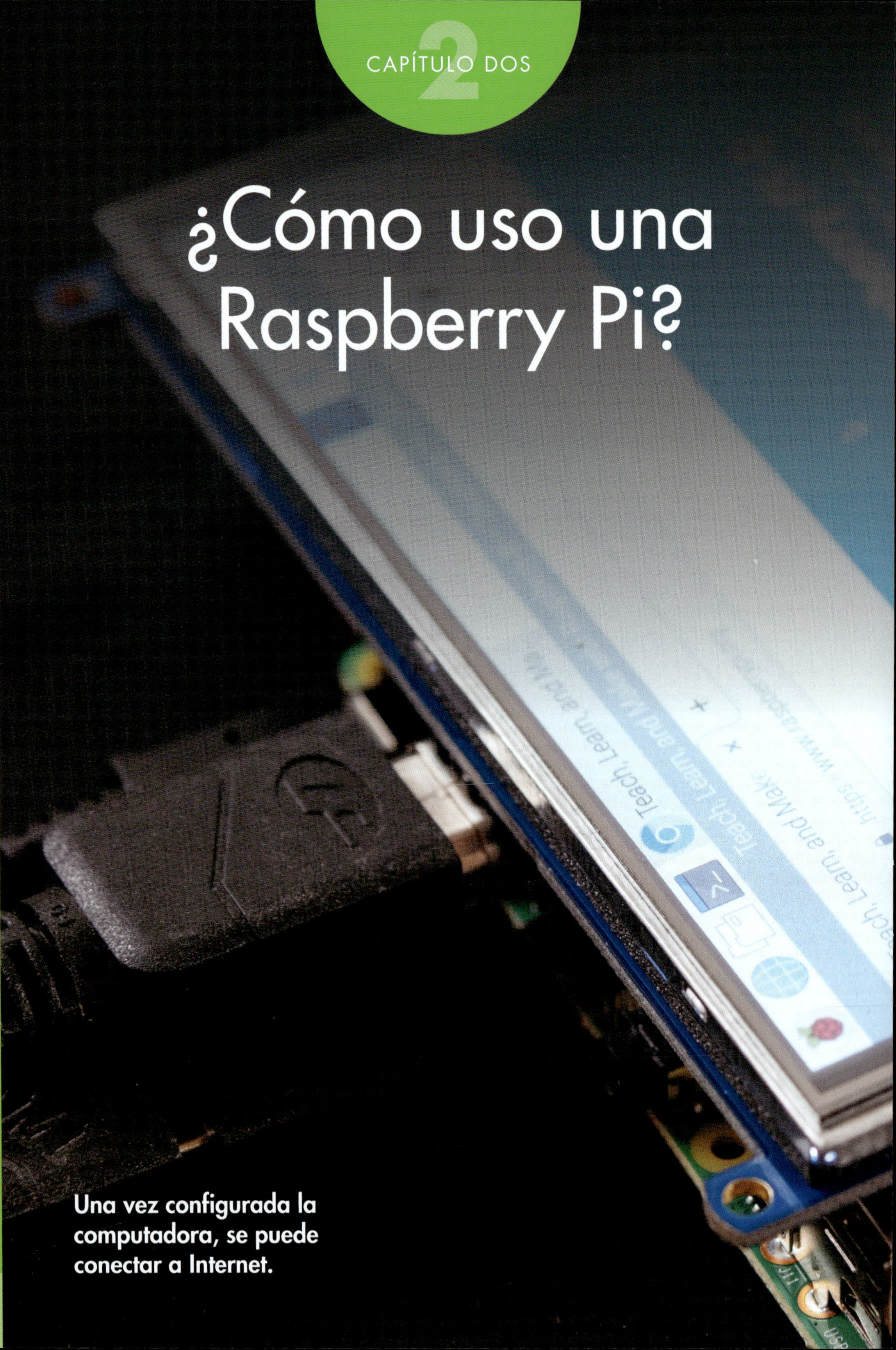

Una vez configurada la computadora, se puede conectar a Internet.

Conecta el dispositivo a algún hardware, como un monitor. Luego configura un sistema operativo (OS). Este es el software básico que controla una computadora. Raspberry Pi usa principalmente Raspberry Pi OS.

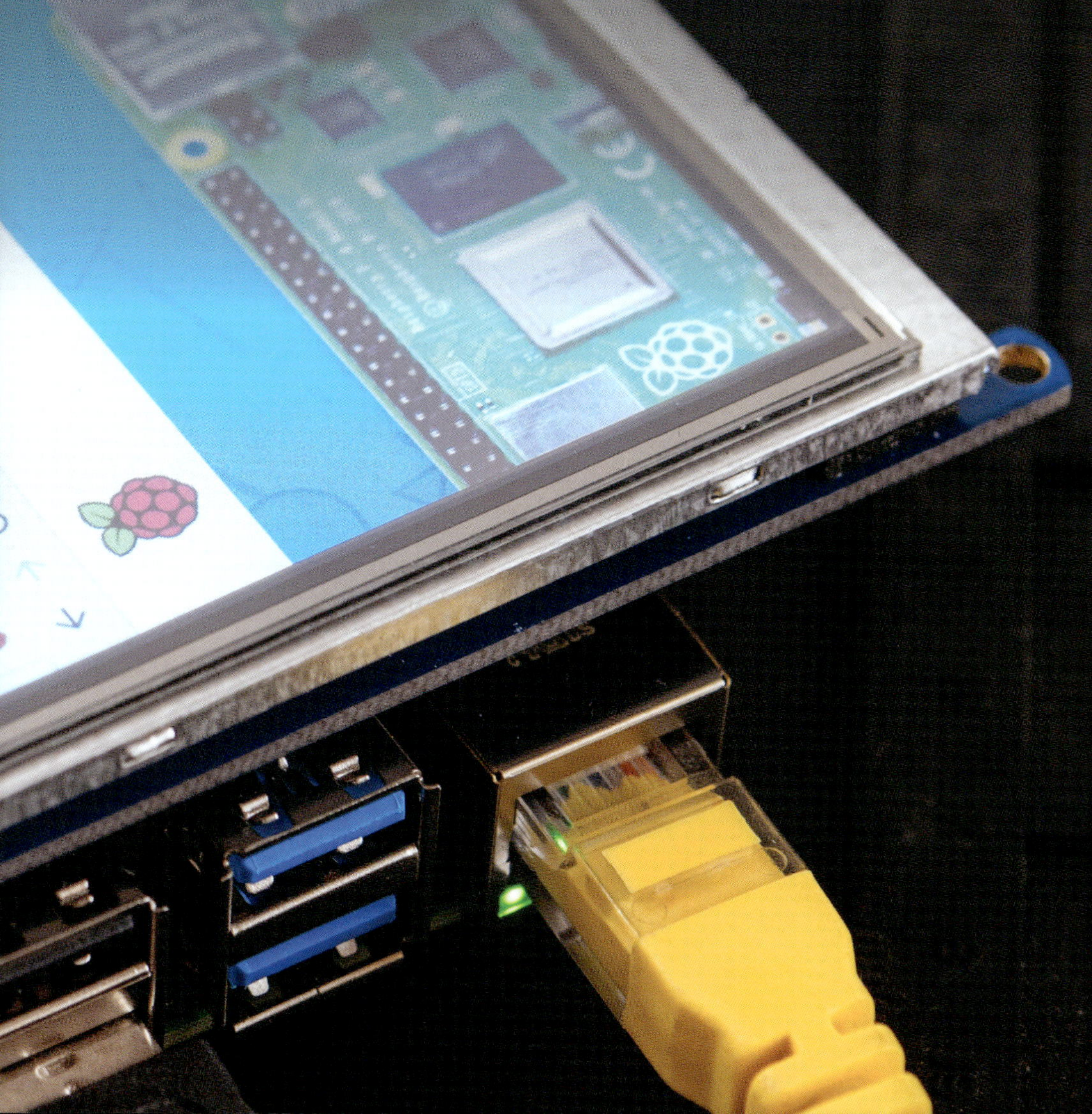

Si conectas una lente puedes convertir tu computadora en una cámara.

¿Qué se conecta a ella?

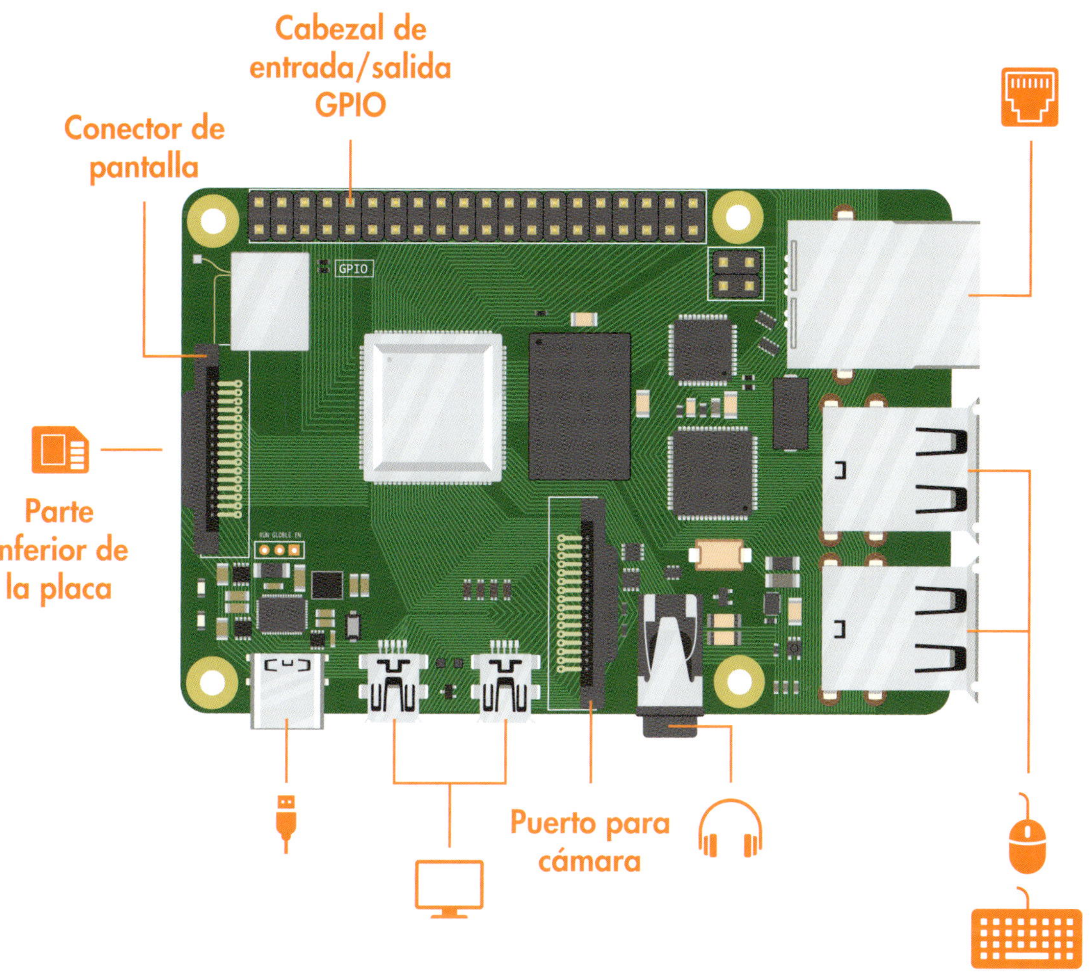

Para construir un dispositivo, no solo se necesita una computadora. Raspberry Pi tiene un puerto para cámara. Solo tienes que conectar una cámara. Luego, tu dispositivo puede tomar fotos, videos o detectar movimiento. También tiene pines de **entrada/salida de propósito general (GPIO)**. Estos pines se pueden conectar a botones, **luces LED** o sensores.

¿Qué puedo crear con Raspberry Pi?

Un maestro puede ayudarte a construir y codificar tu computadora.

¡Tantas cosas! Coloca luces LED y crea una luz de noche que se encienda y apague sola. Agrega parlantes y úsalos para reproducir música. O puedes crear y programar tu propio robot. ¡El único límite es tu imaginación!

Este satélite fue la primera vez que se utilizó una Raspberry Pi como computadora de a bordo.

¿SABÍAS QUE...?

En 2022, los estudiantes de la Universidad Estatal de Utah utilizaron Raspberry Pi como la computadora para un pequeño **satélite**. Pasó 117 días en el espacio y envió fotografías.

¿Por qué fabricar algo que se puede comprar?

¡Por muchas razones! Podrías ahorrar algo de dinero fabricándolo tú mismo. También aprendes mucho cuando fabricas algo nuevo. Incluso podrías personalizar tu dispositivo. Incorpóralo a tu lonchera. ¡O hazlo portátil! Puede ser lo que quieras.

Tu dispositivo podría
usarse para crear un
automóvil controlado
por computadora.

¿Habrá una nueva Raspberry Pi?

A 2024, hay tres series de Raspberry Pi. Cada serie tiene varios modelos.

¡Sí! Hay muchos modelos de Raspberry Pi. Algunos funcionan más rápido. Otros tienen diferentes puertos. Puedes elegir el adecuado para tu proyecto. ¡Seguro que aparecen computadoras más nuevas y más rápidas!

HAZ MÁS PREGUNTAS

¿Puedo construir mi propia computadora para juegos?

¿Qué trabajos podría conseguir construyendo computadoras?

**Prueba con una PREGUNTA GRANDE:
¿Por qué las computadoras necesitan actualizaciones?**

BUSCA LAS RESPUESTAS

Busca en el catálogo de la biblioteca o en Internet.
Pueden ayudarte tus padres, un bibliotecario o un maestro.

Usar palabras clave
Busca la lupa.

Las palabras clave son las palabras más importantes de tu pregunta.

?

Si quieres saber sobre:

- cómo construir una computadora, escribe: CONSTRUCCIONES DE COMPUTADORAS PARA JUEGOS

- qué trabajos utilizan programación, escribe: TRABAJOS DE PROGRAMACIÓN

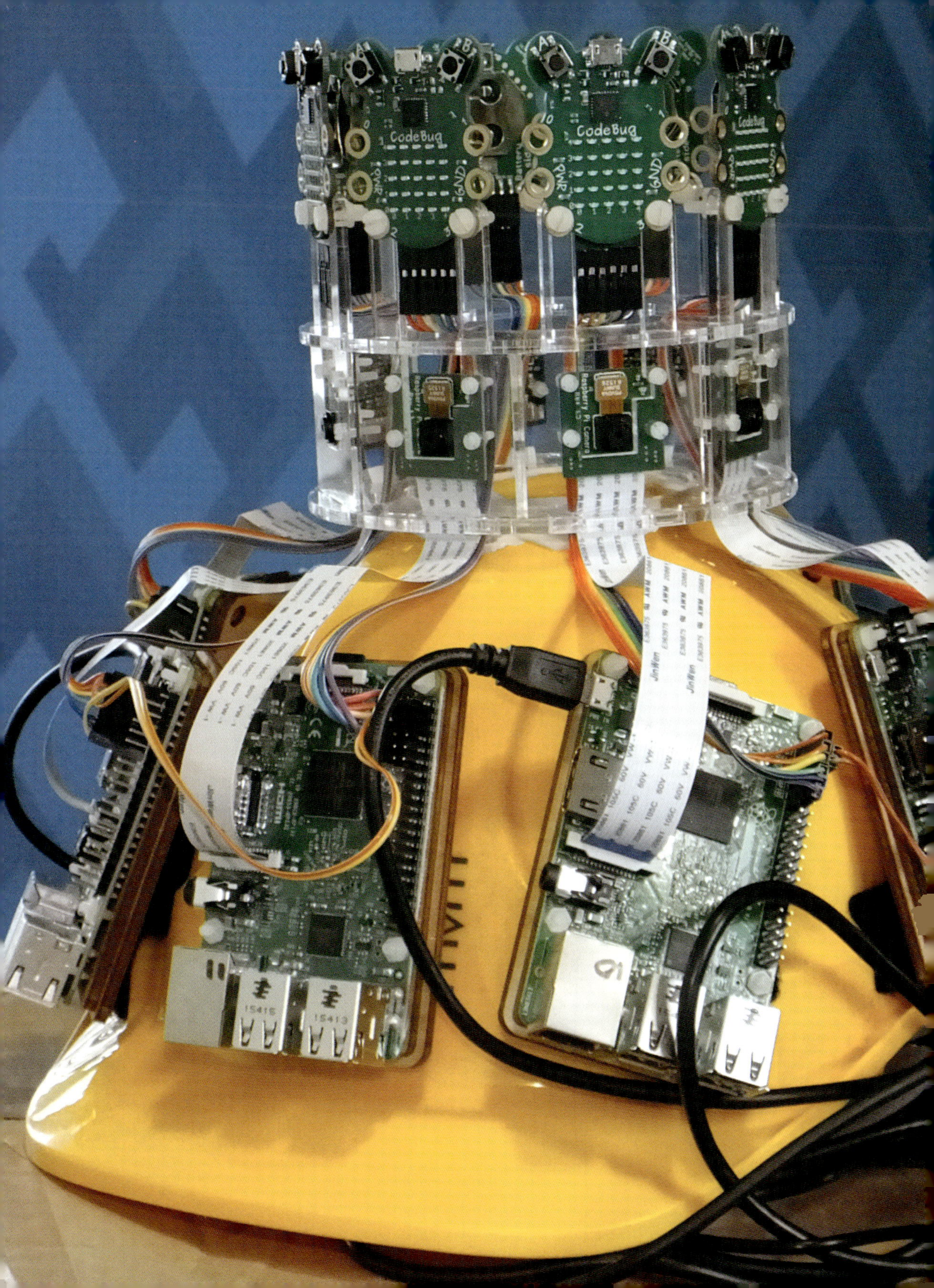

CodeBug
CodeBug
CodeBug

Computadora para aficionados Una computadora que construyes tú mismo.

hardware Las piezas físicas de una computadora.

luces LED Abreviatura de diodo emisor de luz; las luces comunes en la electrónica.

pin de entrada/salida de propósito general (GPIO) Pines que envían o reciben señales eléctricas, sin ningún uso especificado.

placa base La placa de circuito principal de una computadora.

satélite Nave espacial que se envía a la órbita de un planeta para recopilar o enviar información.

Acerca de la autora

Jill Sherman escribe libros sobre estrellas del pop, crías de animales y robots. Le encanta que escribir le permita investigar y aprender sobre nuevos temas. Además de escribir libros, Jill cose su propia ropa, crea crucigramas y programa en JavaScript.